$\boldsymbol{A}$limentos
EL CACAHUATE

Margaret Hall

Traducción de Patricia Abello

Heinemann Library
Chicago, Illinois

First published in this edition 2003

Customer Service 888-454-2279

Visit our website at www.heinemannlibrary.com

Printed and bound in the United States by Lake Book Manufacturing, Inc.
Map illustrations by Kimberly Saar/Heinemann Library

07 06 05 04 03
10 9 8 7 6 5 4 3 2 1

Library of Congress Cataloging-in-Publication Data
Hall, Margaret, 1947–
   [Peanuts. Spanish]
   El cacahuate / Margaret Hall ; traducción de Patricia Abello.
       p. cm. — (Alimentos)
   Summary: Introduces peanuts as a food—where they come from, how they are grown and harvested, and how they fit into the USDA Food Guide Pyramid. Includes a recipe for peanut log.
   Includes bibliographical references and index.
   ISBN 1-4034-3737-8 (HC), ISBN 1-4034-3743-2 (pbk.)
1. Cookery (Peanuts)—Juvenile literature. 2. Peanuts—Juvenile literature. [1. Peanuts. 2. Spanish language materials.] I. Title. II. Series.

TX803.P35H3518 2003
641.6'56596—dc21

                              2002191322

Acknowledgments
The author and publisher are grateful to the following for permission to reproduce copyright material: p. 4 Rex A. Butcher/BUTCH/Bruce Coleman, Inc.; pp. 4tl, 5br Kimberly Saar/Heinemann Library; pp. 5, 18 Jack Ballard/Visuals Unlimited; p. 6 Robert Polett/AgStockUSA; p. 7 Inga Spence/Tom Stack & Associates; p. 8 Wolfgang Kaehler/Corbis; p. 9 Archive Photos/PictureQuest; p. 10 Larry Luxner; p. 12 Jerome Wexler/Visuals Unlimited; pp. 13 , 23 Tom Pantages; p. 14 Dwight Kuhn; p. 15 Harris Barnes, Jr./AgStockUSA; p. 16 Debra Ferguson/AgStockUSA; p. 17 Inga Spence/Visuals Unlimited; p. 19 Earl Fansler; p. 20 Myrleen Ferguson/Photo Edit, Inc.; p. 21 Mark E. Gibson/Visuals Unlimited; p. 22 Dennis Light; p. 24 Kimberly Saar/Heinemann Library; p. 25 Owen Franken/Corbis; pp. 28, 29 Eric Anderson/Visuals Unlimited

Cover photograph by Rex A. Butcher/BUTCH/Bruce Coleman, Inc.

Unas palabras están en negrita, **así.** Encontrarás el significado de esas palabras en el glosario.

Contenido

¿Qué es el cacahuate?

El cacahuate es una planta de
la familia de las **leguminosas.**
Las leguminosas son plantas cuyas
semillas crecen dentro de una **vaina.**

Los agricultores **cultivan** cacahuates
para la venta. Nosotros comemos
las semillas de la planta de cacahuate.
El **ganado,** como los cerdos y las **reses,**
también come cacahuates.

Clases de cacahuates

Unos cacahuates crecen en plantas **trepadoras.** Las trepadoras crecen a lo largo del suelo, como una enredadera. Esos cacahuates son grandes.

Otros cacahuetes crecen en arbustos de tamaño mediano. Los cacahuates que crecen en arbustos por lo común son pequeños.

En el pasado

En América del Sur se han **cultivado** cacahuates durante miles de años. Cuando llegaron **colonos** de Europa, aprendieron a cultivar cacahuates.

George Washington Carver fue
un científico que descubrió más de
300 modos de usar el cacahuate.
Además de hacer queso y pan, ¡hizo
papel, tinta y champú con cacahuates!

Alrededor del mundo

Hoy en día se cultivan cacahuates en muchos lugares del mundo. En algunos países de América Latina al cacahuate se le llama "maní".

Este mapa del mundo muestra los lugares
donde se cultivan más cacahuates hoy.
El cacahuate crece mejor en donde el
suelo es arenoso y el **clima** es templado.

Una mirada al cacahuate

Los cacahuates no crecen en las ramas. ¡Crecen debajo de la tierra! La planta de cacahuate tiene hojas y unas florecitas amarillas. Cuando la flor muere, sale un **brote** hacia abajo.

flor

hojas

brote

12

Debajo de la tierra, cada brote forma una **vaina.** La vaina por lo común tiene dos **almendras.** Las almendras están cubiertas por una **cáscara** delgada.

almendra   vaina

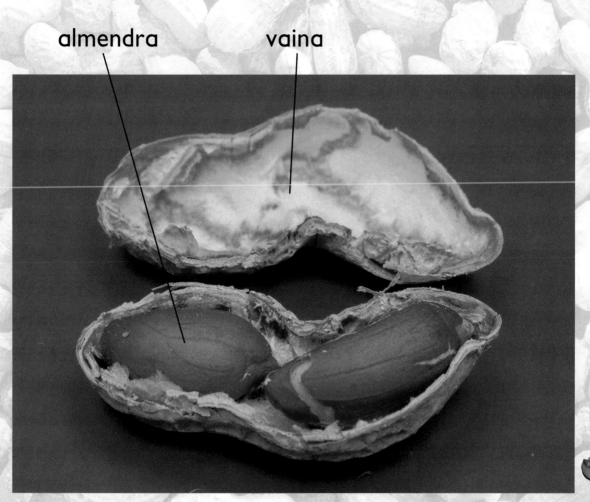

Cultivo de cacahuates

La **almendra** es la semilla de la planta de cacahuate. De ella crecerá un arbusto o enredadera con hojas y flores. Como todas las plantas, necesita sol, agua y **nutrientes.**

Los cacahuates son especiales porque al crecer le agregan nutrientes a la tierra. Sembrar cacahuates ayuda al suelo.

15

La cosecha de cacahuates

Los cacahuates se recogen unos cinco meses después de sembrados. Los campos pequeños se **cosechan** a mano. Los grandes se cosechan con máquinas.

La planta de cacahuate se arranca del suelo y se le sacude la tierra. Después la planta se voltea y se deja en el campo para que seque.

Procesar cacahuates

Los cacahuates llegan a fábricas donde los **procesan.** Primero, unas máquinas les quitan la **cáscara.** Unos cacahuates se **tuestan** con cáscara. Después los empacan en bolsas y los venden.

Otros cacahuates se muelen para hacer
crema de cacahuate. Los cacahuates
molidos también se usan para hacer
harina. Otros se exprimen para hacer
aceite de cacahuate.

El cacahuate en la mesa

Los cacahuates **tostados** son ricos.
También es rico comer sándwiches de
crema de cacahuate. Además, muchas
galletas y dulces tienen cacahuate.

Los cacahuates son un **ingrediente** de muchos alimentos. Hay aderezos y margarina con **aceite de cacahuate.** Hay pan con **harina de cacahuate.**

Buenos para la salud

Los cacahuates tienen **nutrientes** y **vitaminas.** La **grasa** de cacahuate es buena para la salud. Los cacahuates dan **energía** y ayudan a crecer.

Los cacahuates son una merienda saludable. Un sándwich de crema de cacahuate con vegetales y leche es una **comida balanceada.**

Alergia al cacahuate

Hay personas **alérgicas** al cacahuate. Si comen aunque sea un poquito de algo hecho con cacahuates, se enferman. Los alimentos hechos con cacahuates tienen etiquetas de advertencia.

Ingredientes: Uvas pasas, tajadas de plátano (plátanos, aceite de coco, azúcar turbinado, sabor artificial), semillas de girasol, papaya (papaya, azúcar, color artificial (amarillo #6)), piña (piña, azúcar, ácido málico), coco, con dióxido de azufre como preservativo.

Información de alergenos: Producto empacado en equipo que procesa cacahuates y/o otras nueces.

Las personas alérgicas al cacahuate
no deben comer nada que tenga
cacahuate porque es peligroso. Por
eso muchas escuelas no dejan que los
niños lleven crema de cacahuate ni
nada que tenga cacahuate.

Una alimentación sana

La **pirámide** de alimentos muestra cuánto debemos comer a diario de cada grupo de alimentos.

Todos los grupos de alimentos son importantes, pero necesitamos más ciertos alimentos que otros.

Debemos comer más alimentos de la parte de abajo y de la mitad de la pirámide. Debemos comer menos alimentos de la parte de arriba.

Aunque los cacahuates son vegetales, pertenecen al grupo de las carnes porque tienen mucha **proteína** y **grasa**. Necesitamos dos porciones del grupo de carnes al día.

Grasas y dulces
Comer poco

Grupo de leche
2 porciones

Grupo de carnes
2 porciones

Grupo de
vegetales
3 porciones

Grupo
de frutas
2 porciones

Grupo de **granos**   6 porciones

Basada en la Pirámide Infantil de Alimentos del Departamento
de Agricultura, Centro de Difusión de Nutrición, marzo 1999.

Receta de rollito de cacahuate

Vas a necesitar:

$^1/_2$ taza (115 gr) de crema de cacahuate

$^3/_4$ de taza (95 gr) de leche en polvo

2 cucharadas (42 gr) de miel

$^3/_4$ de taza (95 gr) de cacahuates pelados
 y picados

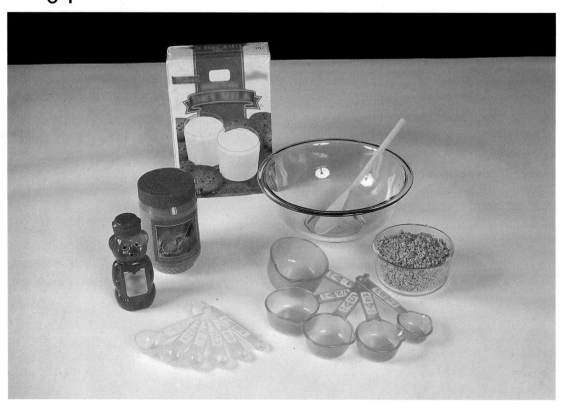

¡Pídele a un adulto que te ayude!

1. Mezcla la crema de cacahuate, la leche en polvo y la miel en un tazón grande.
2. Forma un rollito con una pequeña cantidad de la mezcla.

3. Envuelve el rollito con cacahuates picados.
4. Para servir, corta el rollito en bocaditos.
5. Guarda lo que sobre en el refrigerador.

Glosario

aceite de cacahuate aceite que se exprime de la almendra del cacahuate

alérgico que puede enfermarse por comer o tocar ciertas cosas

almendra semilla de algunas plantas, como los cacahuates

brote nuevo tallo que le sale a una planta

cáscara envoltura de una semilla

clima tiempo típico de un lugar

cosechar recoger los cultivos

colono alguien que viene a una nueva región a vivir y construir su hogar

comida balanceada comida que tiene la cantidad adecuada de porciones de la pirámide de alimentos

cultivar sembrar plantas para comer o vender

energía fuerza suficiente para hacer cosas

ganado animales de granja como vacas y cerdos

grano semilla de una planta de cereal

grasa parte de algunos alimentos que el cuerpo usa para producir energía y mantenerse caliente

harina de cacahuate
harina hecha de
cacahuates molidos
que se usa en
repostería

ingrediente parte
de una mezcla

leguminosa planta
cuyas semillas crecen
en un estuche llamado
vaina

nutriente alimento
que las plantas y
personas necesitan
para crecer y estar
saludables

pirámide figura que
tiene una base plana
y tres lados que
terminan en punta

procesar cocinar o
tratar de cierto modo
para hacer un nuevo
tipo de comida o
bebida

proteína nutriente
necesario para que
nuestro cuerpo crezca
y se repare a sí mismo

reses vacas y toros

tostar asar en horno

trepadora
enredadera que crece
a lo largo del suelo

vaina estuche que
contiene las semillas
de una planta

vitamina algo que
necesita el cuerpo
para crecer y estar
sano

Más libros para leer

Un lector bilingüe puede ayudarte a leer estos libros:

Adler, David A. *A Picture Book of George Washington Carver*. New York: Holiday House, 1999.

Llewellyn, Claire. *Peanuts*. Danbury, CT: Children's Press, 1998.

Royston, Angela. *Eat Well*. Chicago: Heinemann Library, 2000.

Índice